MARTIN BASTKOWSKI
LARA-MARIA SCHILLER

SEKUNDARSTUFE I

¡Hablemos!

Freies dialogisches Sprechen

Spanisch
Klasse 9–10

Cornelsen

Zu den Autoren:

Martin Bastkowski ist Englischlehrer und Fachbereichsleiter für Fremdsprachen an einer niedersächsischen Kooperativen Gesamtschule. Zudem arbeitet er als Lehrbeauftragter in der Fachdidaktik Englisch und universitären Lehramtsausbildung am Institut für englische Sprache und Literatur an der Universität Hildesheim.
Darüber hinaus ist er bundesweit als Fortbildungsreferent im Bereich Fachdidaktik Englisch unterwegs und bei verschiedenen Lehrwerken, Unterrichtsmaterialien und Fachzeitschriften als Fach- und Lehrwerksautor, Lehrwerksberater sowie Mitherausgeber tätig.
Seine Arbeitsschwerpunkte sind Methodenvielfalt im Englischunterricht, bewegtes Lernen, kommunikativer Medieneinsatz, Efficient Teaching, Lernstrategien sowie Feedbackkultur im Englischunterricht.

Lara-Maria Schiller wuchs zweisprachig auf und studierte an der Georg-August-Universität Spanisch und Sport auf Lehramt. Zwei Auslandssemester verbrachte sie an der UGR Granada. Nach ihrem Studium war sie zwei Jahre als Dozentin für Deutsch als Fremdsprache an der Uni Göttingen tätig. Seit 2015 arbeitet sie an der KGS Pattensen und ist dort seit ca. 2 Jahren Fachobfrau für Spanisch.

Projektleitung und Redaktion: Irena Reinhardt / Chelsea Ledvinka, Berlin
Umschlagkonzept / -gestaltung: Corinna Babylon, Berlin
Umschlagfotos: © Shutterstock / Gabrielle Ewart, Shutterstock / whiteisthecolor, Shutterstock / pockygallery
Layout/technische Umsetzung: fotosatz griesheim GmbH
Illustrationen: Dorina Tessmann, Berlin; Steffen Jähde, Sundhagen

www.cornelsen.de

1. Auflage 2020

Druck: H. Heenemann, Berlin

ISBN 978-3-589-16669-5

Inhaltsverzeichnis

ZIEL

Anhand von zehn kommunikativen, relevanten und schülernahen Aktivitäten sowie einem großen Angebot an sprachlichem *Scaffolding* verbessern die Schüler[1] selbstständig ihre Sprechkompetenz in Form eines dialogischen Austausches.

Das *¡Hablemos!* Heft für die Klassen 9–10 bietet eine große Palette an Aufgabenformaten und Themenstellungen. Ganz bewusst wiederholen sich hierbei verschiedene thematische Bausteine in unterschiedlichen Szenarien, damit das Erlernte immer wieder neu angewendet werden kann.

Folgende Aktivitäten sind in diesem *¡Hablemos!* Heft enthalten:

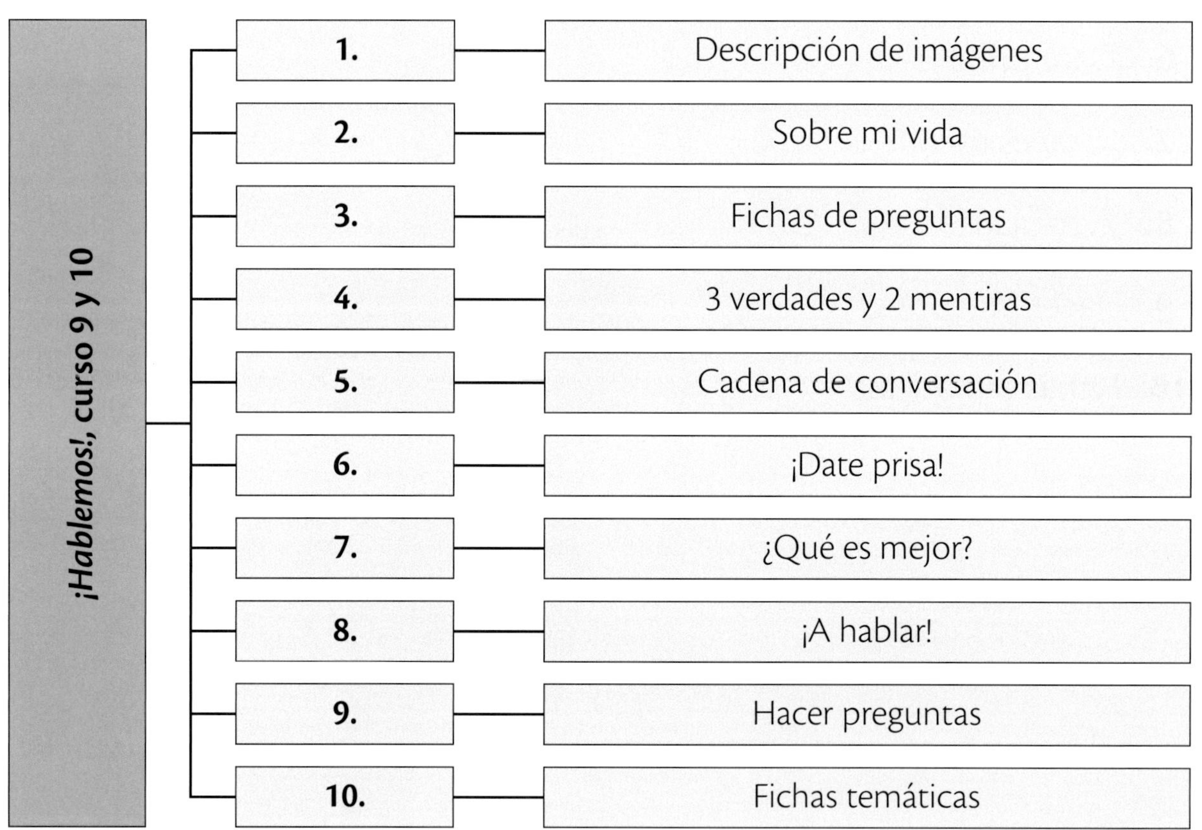

GRUNDKONZEPT

Alle Aktivitäten im Heft umfassen jeweils eine Lehrer- und eine Schülerversion. Auf der Lehrerseite wird jede Aktivität (Sprechaktion) durch zusätzliche konkrete Erläuterungen, Tipps und Variationen erklärt. Die Schülerseiten beinhalten jeweils konkrete Aufgabenstellungen sowie inhaltliche / sprachliche Hilfestellungen, so dass die Schüler die Sprechanlässe selbstständig umsetzen können.

1 Zur besseren Lesbarkeit wird die männliche Form benutzt, es sind jedoch stets alle Geschlechter gemeint.

Damit die Schüler ein handliches *¡Hablemos!* Heft bekommen, kopiert die Lehrkraft jeweils zwei Schülerseiten auf ein Blatt im A4 Format und teilt diese aus.
Die Seiten werden dann von den Schülern in der Hälfte durchgeschnitten, gestapelt, am Rand getackert und so inkl. Titelblatt (s. nächste Seite) zu einem kleinen Booklet im A5 Format zusammengefügt. Alle Kopiervorlagen können sofort, ohne weitere Verwendung von zusätzlichen Materialien / Medien eingesetzt werden.

EINSATZ

Der Einsatz des *¡Hablemos!* Heftes eignet sich insbesondere zu Beginn der Unterrichtsstunde, um eine gezielte Einsprachigkeit zu initiieren und die Lerngruppe für die Fremdsprache zu motivieren und warm werden zu lassen. Um Einseitigkeit zu vermeiden, sollte die Verwendung nicht in jeder Stunde stattfinden. Zusätzlich kann das Heft als kleiner Energizer zwischendurch eingesetzt werden oder wenn mal am Ende der Stunde noch etwas Zeit übrig ist.

POTENZIALE

Die Verwendung des *¡Hablemos!* Heftes bietet viele Potenziale für den Spanischunterricht, u. a.:

- parallele Einbeziehung aller Schüler der Lerngruppe in den Lernprozess
- Aufbau der Sprechkompetenz sowie des Hörverstehens
- selbstständige und lehrerunabhängige Durchführung der Übungen
- Lehrkräfte gewinnen die Möglichkeit der gezielten Beobachtung ihrer Schüler
- kommunikative Anwendung des Wortschatzes und verschiedener grammatischer Phänomene durch lenkende Vorgaben
- die Inhalte der Übungen spiegeln die Vorgaben von mündlichen Prüfungen wider
- Schüler werden motiviert, sich in der Fremdsprache kommunikativ anhand schülernaher Themen auszutauschen
- Einbeziehung lernschwächerer Schüler durch ein hohes Hilfsangebot.

Este *¡Hablemos!*

cuaderno es de:

____

CONTENIDO: ACTIVIDADES DE MI *¡Hablemos!* CUADERNO

¡Hablemos!, curso 9 y 10

1.	Descripción de imágenes
2.	Sobre mi vida
3.	Fichas de preguntas
4.	3 verdades y 2 mentiras
5.	Cadena de conversación
6.	¡Date prisa!
7.	¿Qué es mejor?
8.	¡A hablar!
9.	Hacer preguntas
10.	Fichas temáticas

Martin Bastkowski / Lara-Maria Schiller · ¡Hablemos! Kl. 9–10 · Illustration: Dorina Tessmann

Describir imágenes – para profesores

ERLÄUTERUNG

Die Fähigkeit, ein Bild beschreiben zu können, wird mittlerweile in fast allen mündlichen Prüfungen gefordert. Bei der Aktivität *descripción de imágenes* beschreiben die Schüler in Partnerarbeit die Inhalte eines Bildes, indem sie abwechselnd jeweils einen Satz zum Bild versprachlichen. Die Bilder können aus dem Schülerbuch, von Arbeitsblättern, von einer Folie oder einem Poster entnommen werden.
Als sprachliches Gerüst erhalten die Schüler die *paso a paso*-Methode als Hilfe und Grundlage zur Versprachlichung.

TIPPS

- Vor der ersten eigenständigen Durchführung ist es hilfreich, die Aktivität vor der Klasse selbst als Lehrkraft mit einem leistungsstarken Schüler durchzuführen.
- Für die Transparenz kann eine Zeitvorgabe gegeben werden, wie lange mindestens über das Bild gesprochen werden muss (z. B. eine Minute).
- Je nach Niveau der Lerngruppe kann alternativ auch eine Mindestanzahl an Sätzen vorgegeben werden, die jeder Partner versprachlichen muss (z. B. zehn).
- Als Wertschätzung und zur Sicherung sollte mindestens eine Partnergruppe ihre Ergebnisse im Plenum vortragen.

VARIATION

- Jeweils einer der beiden Schüler des Duetts übernimmt einen kompletten Beschreibungsschritt (s. *Paso 1* – *Paso 4*). Dieser Schritt kann insbesondere bei der Versprachlichung mehrerer Bilder durchgeführt werden.
- Die Partner fokussieren sich auf bestimmte Facetten des Bildes (z. B. Partner A: Personen und Aktionen im Vordergrund, Partner B: Gegenstände und Aktionen im Hintergrund).

Describir imágenes – para alumnos

TAREA

(1) Elige una imagen (de tu profesor, de tu libro o que has traido de casa, …) con tu compañero.
(2) Describid la imagen usando los pasos del 1 al 4.

MATERIAL/AYUDA

PASO 1

INTRODUCCIÓN

- La imagen / la foto muestra _____.
- La situación / la foto tiene lugar en _____.

PASO 2

DESCRIBIR LA IMAGEN

- En primer plano / en el fondo se puede ver _____.
- En primer plano / en el fondo hay _____.
- En el centro hay _____.
- Arriba / abajo está el/la _____.
- A la derecha / a la izquierda veo _____.
- Detrás de / enfrente de puedes ver _____.
- Entre … está(n) / hay

PASO 3

¿QUÉ ESTÁ PASANDO EN LA IMAGEN?

- Hay dos personas que **están comiendo** un helado.
- Un chico **está jugando** con una pelota.

PASO 4

MI OPINIÓN SOBRE LA IMAGEN

- Parece que … / Parece como si …
- Quizás … / Tal vez …
- Pienso que …
- … puede ser un símbolo de …
- El ambiente es tenso / agradable / escpecial.
- (No) me gusta la imagen porque …
- La imagen me hace pensar en …

Martin Bastkowski / Lara-Maria Schiller · ¡Hablemos! Kl. 9–10 · Illustration: Dorina Tessmann

Sobre mi vida – para profesores

ERLÄUTERUNG

Kurzpräsentationen sind ein wesentlicher Bestandteil zur Schulung des zusammenhängenden Sprechens im Spanischunterricht. Bei der Aktivität *sobre mi vida* halten die Schülerpaare nacheinander abwechselnd eine mindestens 1-minütige Präsentation über eines von vier Themen: *actividades de tiempo libre, familia, en el instituto, televisión.*

TIPPS

- Es ist empfehlenswert vor der ersten Durchführung der Aktivität selbst als Lehrkraft über eines der vier Themen eine Kurzpräsentation zu halten. Dies hat nicht nur die Funktion eines Sprachvorbildes, sondern schafft auch eine persönliche Arbeitsatmosphäre, da die Lerngruppe individuelle Informationen über die Lehrkraft erfährt.
- Ermutigen Sie die Partnerpaare jeweils dazu, mindestens zwei Nachfragen zu stellen.
- Im Anschluss an die Partnerarbeitsphase stellen freiwillige Schüler ihre Präsentation noch einmal im Plenum vor. Die Zuhörer sollten darauf hingewiesen werden, aktiv zuzuhören, um daraufhin inhaltliche Fragen zur Präsentation zu beantworten.

VARIATION

- Um die Sprachproduktion zwischen den Schülern zu erhöhen, kann ein kurzer Warm-up-Dialog vorgeschaltet werden:
  - *Hola. ¿Cómo estás?*
  - *¿Qué fecha es hoy?*
  - *¿Cuándo es tu cumpleaños?*
  - *¿Dónde vives?*
- Im Anschluss an den Dialog geben die Schüler die Antworten des jeweiligen Partners wieder (z. B. fünf Fakten).

Sobre mi vida – para alumnos

TAREA

(1) Habla sobre ti brevemente a tu compañero. Habla por lo menos un minuto.

(2) Elige una de las cuatro categorías (actividades de tiempo libre / aficiones, familia, en el instituto, televisión y películas) y cuenta algo sobre la categoría elegida. Si queda tiempo tu compañero te puede hacer preguntas.

(3) Cuando hayas terminado le toca a tu compañero e toca a tu compañero hacer lo mismo.

MATERIAL/AYUDA

- Empieza así: *Me gustaría hablar sobre …*

ACTIVIDADES DE TIEMPO LIBRE / AFICIONES	• ¿Cuándo? / ¿Dónde? / ¿Con quién? • ¿Qué equipación? • ¿Actividadades con amigos? • ¿Club deportivo / Otros clubes?
FAMILIA	• ¿Hermanos? / ¿Edad? / ¿Afición? • ¿Padres o abuelos? / ¿Edad? / ¿Trabajo? • ¿Mascota? • ¿Piso o casa?
EN EL INSTITUTO	• ¿Nombre? / ¿Lugar? / ¿Cómo llegar? • ¿Asignatura favorita y asignatura menos preferida? • ¿Clubes escolares? • ¿Actividades especiales? • ¿Profesores? / ¿Alumnos? / ¿Aulas?
TELEVISIÓN Y PELÍCULAS	• ¿Programa de tele favorito? ¿Película favorita? ¿Por qué? • ¿Género preferido (de acción, comedia,…)? • ¿Última visita al cine? ¿Qué película?

Martin Bastkowski / Lara-Maria Schiller · ¡Hablemos! Kl. 9–10 · Illustration: Dorina Tessmann

ERLÄUTERUNG

Diese Aktivität setzt den Fokus auf das dialogische Sprechen. Die Schüler verwenden hierfür insgesamt 16 Fragen zu verschiedenen Themengebieten. Jeweils im dialogischen Gespräch werden die Fragen vorgelesen und anschließend vom Partner beantwortet.
Nach jeder Frage tauscht der Fragesteller, sodass jeweils abwechselnd Fragen gestellt und beantwortet werden müssen. Für eine höhere Abwechslung können die Schüler Fragen aus drei verschiedenen Versionen wählen (3a–3c).

TIPPS

- Es sollte darauf hingewiesen werden, dass keine Ein-Wort-Antworten benutzt werden sollen, sondern möglichst komplette Sätze.
- Je nach Zeitkapazität können die Fragen auf acht eingegrenzt bzw. ein allgemeines Zeitlimit von drei Minuten gegeben werden.
- Einige spannende / interessante Fragen können noch einmal im Plenum gestellt werden. Dies fördert die Lernatmosphäre der Klasse.

VARIATION

- Alternativ können die Fragen auch nacheinander durch Zuwerfen eines Balls verschiedenen Schülern gestellt werden.
- Um die Sprachproduktion zu erhöhen, muss jede Frage von beiden Partnern beantwortet werden (¿Y tú? / ¿Qué hay de ti? / ¿Qué te parece?).
- Je nach Zeitkapazität können die Schüler auch selbst eine Fragekarte erstellen und damit die anderen Mitschüler durch Herumgehen im Klassenraum befragen. Nach jedem Gespräch werden die Fragekärtchen getauscht, so dass jeweils neue Gespräche initiiert werden können. Nachdem mindestens vier Mitschüler befragt worden sind, wird sich wieder hingesetzt.

Fichas de preguntas – para alumnos

TAREA

(1) Pregunta a tu compañero. Puedes elegir tres series de preguntas (3a-3c).
(2) Cambiad de pareja.
(3) Añade al menos una pregunta propia.

MATERIAL/AYUDA

Nombra cuatro cosas de tu propia habitación.	¿ Cuál es tu cocina *favorita*? / ¿Qué tipo de comida te gusta más?	¿Qué harías si encontraras 1000 euros?	Describe tu última fiesta de cumpleaños.
¿Cuál es tu juego de ordenador favorito? ¿Por qué?	¿Cómo ayudas a tus padres en casa?	¿Qué haces normalmente los fines de semana?	¿Qué actividades de deporte te gustan hacer en tu tiempo libre?
¿Cuál es tu número de teléfono?	¿Qué harás en diez años?	¿En qué gastas tu paga?	Nombra cuatro cosas positivas sobre tu instituto.
Habla sobre tu último viaje escolar. (¿Dónde? / ¿Cuándo? / ¿Qué actividades?)	Nombra tres desventajas de la comida rápida.	¿A dónde te gustaría viajar? ¿Por qué?	Tu propia pregunta.

Martin Bastkowski / Lara-Maria Schiller · ¡Hablemos! Kl. 9–10 · Illustration: Dorina Tessmann

Fichas de preguntas – para alumnos

TAREA

(1) Pregunta a tu compañero. Puedes elegir tres series de preguntas (3a-3c).
(2) Cambiad de pareja.
(3) Añade al menos una pregunta propia.

MATERIAL/AYUDA

¿Cuántos años tiene tu madre?	¿Qué trabajo nunca harías?	¿Cuál es el último libro que leíste?	¿Cuántas horas al día te dedicas a hacer tus deberes?
¿Cuándo te levantas por las mañana?	¿Cuál fue la última película que viste?	Nomba tres cosas que haces con tu móvil.	¿Cuál es tu aplicación favorita?
¿Te gustaría irte de Alemania? ¿Por qué? ¿Por qué no?	¿Cuál es la comida más extraña que has comido en tu vida?	Si tuvieras un deseo – ¿Cuál sería?	¿Qué cadena de comida rápida te gusta más?
Habla sobre un festival que te gustaría celebrar (música, comida, actividades, invitados)	¿Cuál es tu juego favorito? ¿De qué trata?	¿Prefieres montañas o playas? ¿Por qué?	Tu propia pregunta.

Martin Bastkowski / Lara-Maria Schiller · ¡Hablemos! Kl. 9 – 10 · Illustration: Dorina Tessmann

Fichas de preguntas – para alumnos

TAREA

(1) Pregunta a tu compañero. Puedes elegir tres series de preguntas (3a-3c).
(2) Cambiad de pareja.
(3) Añade al menos una pregunta propia.

MATERIAL/AYUDA

¿A qué hora te acuestas normalmente?	¿Cuál es tu restaurante favorito?	Nombra diez cosas que puedes hacer en tu ciudad o pueblo.	¿Tienes un talento oculto? ¿Cuál es?
Nombra una cosa que usas todos los días.	Elogia a tu amigo.	Si tuvieras un superpoder -¿Cuál sería?	¿Qué haces después de una discusión con tus padres?
Describe una tarde perfecta.	¿Cuándo fué la última vez que te quedaste despierto/a toda la noche?	¿De qué tienes miedo?	¿Qué medios de transporte usas?
Si fueras un animal - ¿Cuál serías?	¿Qué miembro de tu familia admiras más?	¿Qué persona famosa te gustaría conocer? ¿Por qué?	Tu propia pregunta.

Martin Bastkowski / Lara-Maria Schiller · ¡Hablemos! Kl. 9 – 10 · Illustration: Dorina Tessmann

ERLÄUTERUNG

Bei 3 *verdades y 2 mentiras* erzählen sich die Schüler in Partnerarbeit gegenseitig fünf Sätze, wobei drei Informationen der Wahrheit entsprechen und jeweils zwei Informationen eine Lüge sind. Ziel des zuhörenden Partners ist es, jeweils die Lügen herauszufinden.

TIPPS

- Die Sätze werden nach der Partnerarbeit von einem Schüler auch im Plenum vorgestellt, wobei dann alle Mitschüler erraten können, welche Informationen Wahrheit oder Lüge sind.
- Im Sinne einer guten Lehrer-Schüler-Atmosphäre sollte auch die Lehrkraft fünf persönliche Sätze mit drei Wahrheiten und zwei Lügen erzählen. Dies dient auch zur zielführenden Erklärung der Aufgabe.

VARIATION

- In lernstärkeren Gruppen wird sich gegenseitig eine zusammenhängende Geschichte erzählt. Dabei können auch mehr Wahr- und Unwahrheiten integriert werden. Dazu können die *Inicios de frase* als Hilfestellungen (s. Bonus auf der Schülerseite) verwendet werden.
- Die Paare arbeiten zunächst jeweils zusammen und entwickeln gemeinsam eine Geschichte bzw. verschiedene Sätze, die dann einem anderen Paar erzählt und auf den Wahrheitsgehalt überprüft werden können.

verdades y mentiras – para alumnos

TAREA

(1) Piensa en cinco frases sobre ti mismo (toma un par de minutos). Tres deben ser verdaderas, dos deben ser mentira.

(2) Comparte tus frases con tu compañero.

(3) Tu pareja tiene que averiguar que frase es verdadera y cuál no. Después cambiad de rol.

MATERIAL/AYUDA

Extra: Una historia llena de verdades y mentiras

Tarea: Usa las frases siguientes para crear tu propia historia.

Inicios de frase	
	El pasado fin de semana …
	Hace dos años hicimos un viaje loco …
	Fue un gran día soleado. Yo …
	Todos los fines de semana hago algo especial. Yo …
	¿Te lo puedes creer? Durante mis últimas vacaciones …

Martin Bastkowski / Lara-Maria Schiller · ¡Hablemos! Kl. 9 – 10 · Illustration: Dorina Tessmann

ERLÄUTERUNG

Diese Aktivität setzt den Fokus auf den schnellen kommunikativen Austausch über verschiedene schülernahe und relevante Alltagsthemen. Dabei beantworten jeweils beide Schüler in Partnerarbeit abwechselnd die vorgegebenen Fragen. Zur höheren Abwechslung können die Schüler zwischen zwei verschiedenen Versionen (1 + 2) wählen.

TIPPS

- Weisen Sie die Schüler darauf hin, dass möglichst in vollständigen Sätzen geantwortet werden soll.
- Ermuntern Sie die Lerngruppe dazu, auch kurze Rückfragen an den Partner zu stellen. Bei vielen Antworten genügt der Einschub *"Y por qué?"*, um eine noch höhere Sprachproduktion zu generieren.
- Zur Wertschätzung und Sicherung der erbrachten Leistung können einige Fragen nach der Partnerarbeit auch gemeinsam im Plenum versprachlicht werden.

VARIATION

- Eine Frage wird mit einer Lüge beantwortet. Am Ende muss der Partner herausfinden, bei welcher Frage die Unwahrheit gesagt wurde.

Cadena de diálogo – para alumnos

TAREA

(1) Decidid juntos quién empieza.
(2) Tomad turnos y preguntaros uno al otro las preguntas de abajo. Cada uno debe responder a cada pregunta.
(3) Cuando llegues a un signo de interrogación haz tu propia pregunta .

MATERIAL/AYUDA

Cuéntame sobre ...

①

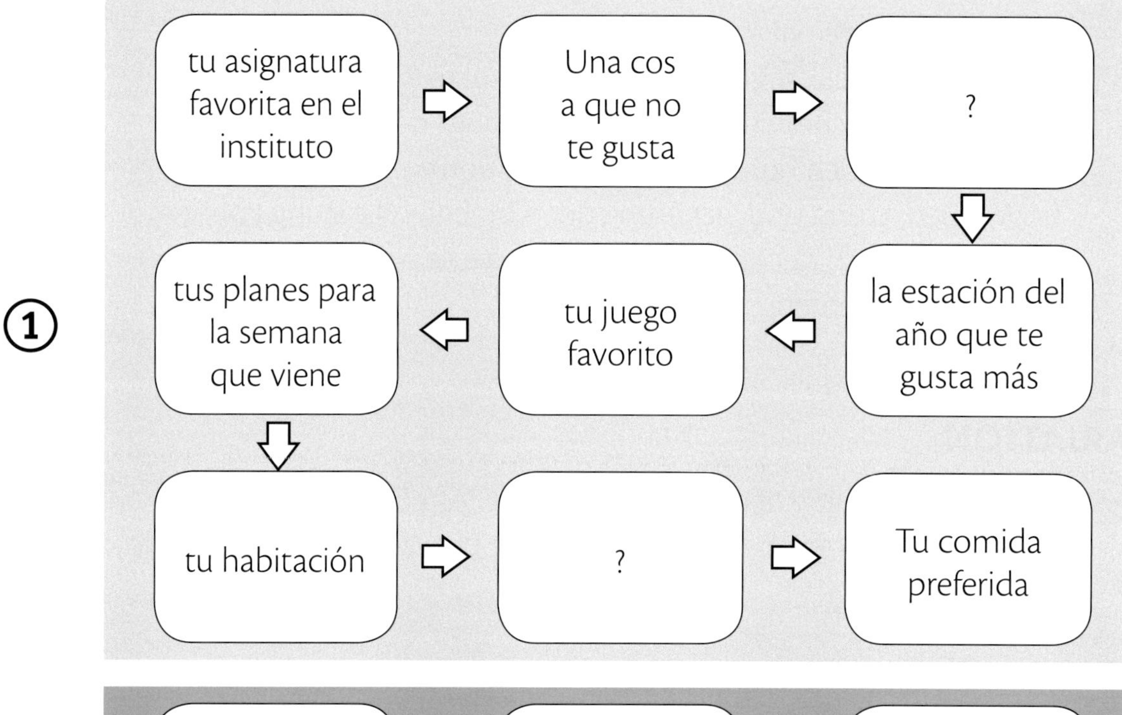

②

algo que no harías nunca ⇨ un trabajo que te gustaría hacer ⇨ ?

⇩

tu programa de televisión favorito ⇦ tu último regalo de cumpleañs ⇦ una cosa en la que eres realmente bueno/a

⇩

tu profesor/a favorito/a ⇨ ? ⇨ tus planes después de terminar la clase 10

Martin Bastkowski / Lara-Maria Schiller · ¡Hablemos! Kl. 9 – 10 · Illustration: Dorina Tessmann

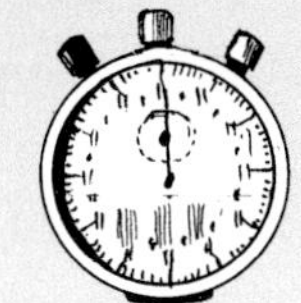

ERLÄUTERUNG

Die Aktivität *¡Date prisa!* vereint kommunikative und spielerische Elemente miteinander. Innerhalb eines festgesetzten Zeitrahmens von 45 Sekunden beantworten die Schüler jeweils drei Fragen aus einem Kasten und erhalten pro richtiger Antwort einen Punkt. Anschließend beantwortet der Partner Fragen eines anderen Kastens. Insgesamt stehen vier Kästen (zwei je Schüler) zur Verfügung, womit maximal sechs Punkte pro Partner erreicht werden können.

TIPPS

- Nach Beendigung der Aktivität erfolgt eine kurze Abfrage, welcher Schüler die meisten Punkte erzielt hat.
- Exemplarisch sollten zwei bis drei Fragen noch einmal im Plenum versprachlicht werden.

VARIATION

- Die Idee des Quiz kann auch ins Plenum getragen werden, wobei die Lehrkraft zehn Quizfragen entwickelt und die Schüler innerhalb von fünf Sekunden die Antwort auf ein Blatt Papier notieren. Wer am Ende die meisten Fragen richtig beantwortet hat, gewinnt das Spiel. Die Quizfragen können dabei im Aufgabenformat variieren:

  – *landeskundlich / interkulturell:* Nombra cinco países en los que se habla español.
  – *rellenar:* Ayer _____ televisión.
  – *metalinguistisch:* El participio de romper es _____.
  – *preguntas de opción multiple:* La paella es a) una montaña, b) una persona famosa, c) un plato tradicional d) un monumeto

¡Date prisa! - para alumnos

TAREA

(1) Empieza con casilla A.
(2) Pregúntale a tu compañero/a todas las preguntas de tu casilla. Si él/élla logra responder a todas las preguntas a tiempo gana un punto por cada respuesta correcta.
(3) Cambiad de rol después de cada casilla.
(4) Contad los puntos. El que más puntos tenga, gana.

MATERIAL/AYUDA

Casilla A: Tienes 45 segundos:

1. Nombra cada segundo mes del año.
2. Cuenta hacia atrás de 1000 a 988.
3. Nombra tres actividades de tiempo libre que empiezan con "j".

Tienes _____ puntos.

Casilla B: Tienes 45 segundos:

1. Nombra cada tercer día de la semana después de nombrar primero todos los días.
2. Cuenta hacia atrás de 465 a 453.
3. Nombra diez cosas que se encuentren en la cocina.

Tienes _____ puntos.

Casilla C: Tienes 45 segundos:

1. Nombra ocho países europeos.
2. Encuentra cinco palabras que rimen con la palabra "canción".
3. Nombra diez familiares.

Tienes _____ puntos.

Casilla D: Tienes 45 segundos:

1. Nombra diez cosas que se encuentren en el cuarto baño.
2. Nombra cinco géneros de película.
3. Nombra seis países en los que se habla español.

Tienes _____ puntos.

Martin Bastkowski / Lara-Maria Schiller : ¡Hablemos! Kl. 9 – 10 · Illustration: Dorina Tessmann

ERLÄUTERUNG

Die kommunikative Aktivität *¿Qué es mejor?* verlangt einen hohen dialogischen Austausch, bei dem die Schüler zwischen zwei Alternativen ihre Präferenz darstellen müssen. Neben dieser begründeten Darstellung der eigenen Sichtweise (mit mindestens vier Argumenten) ist die Zielsetzung auch, die typischen sprachlichen Mittel zur Meinungsäußerung zu verwenden. Dazu stellt die Lehrkraft der Lerngruppe ein Thema mit beiden Alternativen vor, die ggf. zusätzlich an der Tafel visualisiert werden können (s. Beispiele unten). Die Schüler haben dann zwei Minuten in Partnerarbeit Zeit, um das Thema zu diskutieren.

TIPPS

- Es ist sinnvoll, noch einmal explizit auf die Verwendung der sprachlichen Mittel auf der Schülerseite hinzuweisen bzw. sie gemeinsam im Plenum zu wiederholen.
- Nach jeder Diskussion sollten die besprochenen Argumente kurz auch im Plenum versprachlicht werden.
- Die Themen können enorm variieren und schülernah umgesetzt werden:
  - *Estaciones del año* – verano o invierno
  - *Deporte* – fútbol o montar a caballo
  - *Televisión* – programa de concursos o telenovela
  - *Películas* – comedia o acción
  - *Personas famosas* – Shakira o Justin Bieber
  - *Música* – estilo pop o hip hop
  - *Instituto* – uniformes o no
  - *Tiempo libre* – pasar tiempo con amigos o con familia
  - *Comida* – verduras o pizza

VARIATION

- Die Schüler werden bei der Themenfindung miteinbezogen und denken sich jeweils selbst zwei konträre Sichtweisen zu einem Thema aus, die von der Lerngruppe anschließend besprochen werden.

¿Qué es mejor? – para alumnos

TAREA

(1) Escucha las dos opciones dadas por vuestro/a profesor/a.
(2) Discute con tu compañero qué opción os parece mejor. (A o B) Encuentra por lo menos cuatro argumentos para apoyar tu opinión.
(3) Usa tantas frases de abajo como te sea posible.

MATERIAL/AYUDA

Creo que _____ es mejor porque …

No, no estoy de acuerdo. Pienso que _____ es mejor porque …

Sí, de acuerdo. También creo que _____ es mejor porque …

Estar de acuerdo
- Sí, eso es cierto.
- Sí, es correcto.
- Así es.
- Exactamente.

Estar en desacuerdo
- No estoy de acuerdo, porque …
- Eso no es cierto.
- Pero esa no es la cuestión …
- Entiendo tu punto de vista, pero …
- Puede ser cierto, pero …

Estar parcialmente de acuerdo
- Sí, eso es correcto, pero …
- Quizás tengas razón, pero …
- Por un lado pienso …, por otro lado creo …
- Estoy de acuerdo, pero …
- Pienso que es un buen argumento …

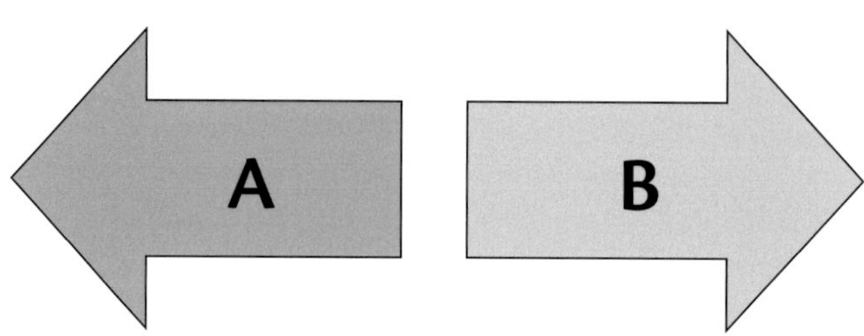

Martin Bastkowski / Lara-Maria Schiller · ¡Hablemos! Kl. 9–10 · Illustration: Dorina Tessmann

ERLÄUTERUNG

Die Aktivität *¡A hablar!* initiiert einen dialogischen Austausch in Form eines kurzen Interviews mit einem Partner. Dabei erfolgt eine bewusst sehr gelenkte kommunikative Situation, die einen hohen Grad an *Scaffolding* offeriert. Die Lehrkraft entscheidet, zu welchem der drei vorgegebenen Themen (8a – 8c) der Chat durchgeführt wird:

1. *actividades de tiempo libre*
2. *amigos*
3. *trabajo*

TIPPS

- Beide Partner sollten in einem Dialog einmal die A- und B-Rolle übernehmen.
- Zur Wertschätzung und Sicherung der erbrachten Leistung kann ein Dialog einmal im Plenum vorgetragen werden.

VARIATION

- Die Schüler denken sich zu jedem Dialog zusätzlich eine eigene Frage aus, die sie dem Partner stellen.
- In leistungsstärkeren Gruppen kann nur das Thema vorgegeben werden. Die Schüler entwickeln anschließend dazu selbstständig ein kurzes Interview mit mindestens fünf Fragen. Mögliche Themen sind z. B.:
  - *mascotas*
  - *vacaciones*
  - *canciones*
  - *programa de televisión favorito*
  - *asignaturas preferidas*

¡A hablar! – para alumnos

TAREA

(1) Habla con tu compañero sobre los temas siguientes.
(2) Usa las frases de abajo.

MATERIAL/AYUDA

¡Hablemos sobre aficiones!

A	B
Hola - ¿cómo estás?	Estoy ___________. Gracias.
¿Cuáles son tus aficiones?	Mi afición es ___________./ Mis aficiones son ___________. Me gusta ___________ (jugar al … / leer… / escuchar … / quedar… / …)
¿Por qué te gusta …?	Me gusta, porque ___________ y porque ___________. (es guay / fácil / divertido / soy bueno/a en / se puede hacer con amigos / es interesante / es relajante / …)
¿Dónde y cuándo …?	Siempre / A veces / normalmente _______ (tu afición) en ___________ (lugar). Tengo / Hago ___________ (tu aficón) los ___________ (día de la semana) a las ___________ (la hora). Necesito ___________ (zapatillas de deporte / ropa deportiva / pelota / raqueta / …)
Muchas gracias. Que tengas un buen día.	Gracias. ¡Hasta luego!

Martin Bastkowski / Lara-Maria Schiller · ¡Hablemos! Kl. 9 – 10 · Illustration: Dorina Tessmann

¡A hablar! – para alumnos

TAREA

(1) Habla con tu compañero sobre los temas siguientes.
(2) Usa las frases de abajo.

MATERIAL/AYUDA ....

¡Hablemos sobre amigos!

A	B
Hola - ¿cómo estás?	Estoy __________. Gracias.
¿Quién es tu mejor amigo?	Mi mejor amigo/a se llama __________. Lo/la conozco de __________.
¿Qué haces con tus amigos?	A veces __________ y otras veces __________. (jugamos al ... / quedamos en ... / vemos ... / ...)
¿Cuáles son las caracteristicas más importantes de un buen amigo?	En mi opinión un buen amigo debe ser__________ y __________. (guay / amable / servicial / una persona con la que puedes hablar / una persona en la que se puede confiar/...
¿Hay lugares especiales donde quedas con tus amigos?	Normalmente quedamos en __________. A veces vamos a __________ (casa / piso / afuera / cine / discoteca / bar / ...)
Muchas gracias. Que tengas un buen día.	Gracias. ¡Hasta luego!

Martin Bastkowski / Lara-Maria Schiller · ¡Hablemos! Kl. 9 – 10 · Illustration: Dorina Tessmann

¡A hablar! – para alumnos

TAREA

(1) Habla con tu compañero sobre los temas siguientes.
(2) Usa las frases de abajo.

MATERIAL/AYUDA

¡Hablemos sobre el trabajo!

A	B
Hola - ¿cómo estás?	Estoy ___________. Gracias.
¿Qué te gustaría hacer después de terminar la escuela?	Me gustaría trabajar como ___________. (peluquero/a / profesor/a / médico/a / diseñador/a de páginas web / …)
¿Qué puedes decir sobre ese trabajo?	Como ___________ tienes que ________ y ___________. (trabajar con / cuidar a / arreglar / hacer / vender/…)
¿En qué profesión o negocio nunca trabajarías?	Sí, núnca trabajaría en ___________. (naturaleza / limpieza / ciencias / industría/…)
¿Por qué no?	No puedo imaginarme ___________ y tampoco ___________. (trabajar con animales / trabajar solo/a / trabajar fuera / limpiar la basura de otros).
Muchas gracias. Que tengas un buen día.	Gracias. ¡Hasta luego!

Martin Bastkowski / Lara-Maria Schiller · ¡Hablemos! Kl. 9–10 · Illustration: Dorina Tessmann

Hacer preguntas – para profesores

ERLÄUTERUNG

Wie der Titel *hacer preguntas* bereits impliziert, stellen sich die Schüler in Partnerarbeit zu den vorgegeben vier Themen *(yo, mi casa, mi familia, en mi tiempo libre)* gegenseitig Fragen, die beantwortet werden müssen. Dabei werden zu jedem Themengebiet nacheinander mindestens drei Fragen gestellt, anschließend folgt das zweite Themengebiet. Insgesamt stellt so jeder Schüler mindestens 12 Fragen.

TIPPS

- Um die Sprachproduktion zu erhöhen, kann jede Frage auch wieder zurückgestellt werden (¿Y tú?).
- Weisen Sie darauf hin, dass jeder *comienzo de pregunta* mindestens einmal im gesamten Gesprächsverlauf verwendet werden muss.
- Wenn notwendig, können vorher noch einmal Kurzantworten *(Sí, puedo... / Sí sé...)* geübt werden.

VARIATION

- Die Schüler überlegen sich eine eigene Kategorie und stellen Fragen dazu.

Hacer preguntas – para alumnos

TAREA

- Pregunta a tu compañero sobre temas de la tabla.
- Usa los comienzos de preguntas de abajo.
- Tienes que hacer por lo menos tres preguntas sobre cada tema.
- Cambiad de rol después de cada tema. Después seguid con el tema siguiente.

MATERIAL/AYUDA

Temas:	yo	mi casa	mi familia	en mi tiempo libre
Por ejemplo:	¿Tienes una mascota en casa?	¿Dónde vives?	¿Cómo se llaman tus padres?	¿Puedes tocar la guitarra?
	…	…	…	…

Comienzos de pregunta:

¿Te gusta...?	*¿Cuándo es …?*
¿Sabes …?/¿Puedes …?	*¿Tienes …?*
¿Cuándo …?	*¿Qué haces …?*
¿Quién …?	*¿Cómo …?*
¿Dónde está …?	*¿Por qué …?*
¿Cuál es …?	*¿Qué …?*
¿Con quién …?	*¿Prefieres … o …?*

Martin Bastkowski / Lara-Maria Schiller · ¡Hablemos! Kl. 9–10 · Illustration: Dorina Tessmann

ERLÄUTERUNG

Bei der Aktivität *fichas temáticas* wählen die Schüler zwei der vier vorgegebenen Boxen und stellen / beantworten sich gegenseitig die Fragen. Jeder Schüler muss alle Fragen beider Boxen sowohl einmal selbst an den Partner stellen, als auch bei der Rückfrage beantworten. Für eine höhere Abwechslung liegen insgesamt drei Versionen dieser Aktivität (10a – 10c) vor.

TIPPS

- Bei dieser Aktivität ist es ratsam, alle Fragen einer Version bzw. gezielte Fragen der verschiedenen Versionen einmal im Plenum versprachlichen zu lassen, dies kann z. B. durch Ballzuwerfen oder eine Schülerkette (Schüler versprachlichen die Fragen nacheinander, indem sie sich gegenseitig wählen) umgesetzt werden.

VARIATION

- Lassen Sie die Schüler eine der Fragen auf einem kleinen Zettel schriftlich beantworten. Anschließend sammeln Sie diese ein und lesen nacheinander mehrere Schülerantworten vor. Die Mitschüler müssen für jede Antwort erraten, wer diesen Zettel geschrieben hat.
- Für eine stärkere Variation der Gesprächspartner kann die Aufgabe alternativ durchgeführt werden in Form eines:
  - *Citas rápidas*: Schüler stellen sich in zwei Reihen zueinander auf und beantworten eine Frage der *ficha de pregunta*. Nach jeder Frage bewegt sich die vorderste Reihe einen Schritt nach rechts, um zu einem neuen Partner zu gelangen.
  - *doble círculo*: Identisch zu *Citas rápidas*, diesmal jedoch in zwei Kreisen anstatt in Reihen.

TAREA

(1) Habla con tu compañero. Escoge dos fichas temáticas.
(2) Responde a todas las preguntas de las fichas.
(3) Cambiad de rol después de cada pregunta preguntándole a tu compañero: "Y tú?"

MATERIAL/AYUDA

TELÉFONOS MÓVILES

- ¿Para qué usas tu teléfono móvil? Nombra cuatro cosas.
- ¿Cuáles son las ventajas y las desventajas de teléfonos móviles? Nombra dos cada lado.
- ¿Podrías vivir sin teléfono móvil durante una semana? ¿Por qué? Por qué no?

DEPORTE

- ¿Qué deporte te gusta hacer en clase de educación física?
- ¿Cuál es tu deporte favorito?
- ¿Cuáles son las ventajas de practicar deporte?
- ¿En qué deportes eres bueno/a?

INSTITUTO

- ¿Quién es tu profesor favorito y por qué?
- ¿Cuáles son tus asignaturas preferidas? ¿En cuáles eres bueno/a?
- Describe el ambiente de tu clase y de tu instituto.
- ¿A qué clubes escolares puedes unirte en tu instituto?

TU CIUDAD / PUEBLO

- ¿Dónde vives?
- Nombra tres lugares importantes en tu ciudad/pueblo.
- ¿Qué tiendas hay en tu ciudad/pueblo?
- ¿Te gustaría vivir para siempre en tu ciudad/pueblo? ¿Por qué? ¿Por qué no? Da tres razones

Martin Bastkowski / Lara-Maria Schiller · ¡Hablemos! Kl. 9 – 10 · Illustration: Dorina Tessmann

Fichas temáticas – para alumnos

TAREA

(1) Habla con tu compañero. Escoge dos fichas temáticas.
(2) Responde a todas las preguntas de las fichas.
(3) Cambiad de rol después de cada pregunta preguntándole a tu compañero: "Y tú?"

MATERIAL/AYUDA

MEDIOS

- ¿Cuántas horas al día ves la tele?
- ¿Para qué usas el internet? Nombra tres ejemplos.
- ¿Cuáles son las ventajas y las desventajas de redes sociales? Nombra dos cada lado.

IR DE COMPRAS

- ¿Cuál es tu prenda de ropa favorita? ¿Por qué?
- ¿A dónde vas de compras y con quién?
- ¿Cuánto dinero gastas en ropa?

FAMILIA

- Describe tu familia en tres palabras.
- ¿Cómo te llevas con tus padres y hermanos (si tienes)?
- Cuenta tres datos o hechos sobre tus padres (edad, trabajo,…)
- ¿Te gustaría formar una familia propia? ¿Por qué? ¿Por qué no?

VACACIONES

- ¿En qué países has estado ya?
- ¿A dónde te gustaría viajar? ¿Por qué?
- ¿Qué medio de transporte te gusta más – tren, autobús o avión? Da tres razones.

Martin Bastkowski / Lara-Maria Schiller · ¡Hablemos! Kl. 9–10 · Illustration: Dorina Tessmann

Fichas temáticas – para alumnos

TAREA

(1) Habla con tu compañero. Escoge dos fichas temáticas.
(2) Responde a todas las preguntas de las fichas.
(3) Cambiad de rol después de cada pregunta preguntándole a tu compañero: "Y tú?""

MATERIAL/AYUDA

TELEVISIÓN

- ¿Cuáles son tus series preferidas? ¿Por qué te gustan tanto?
- ¿Qué piensas de telenovelas?
- Nombra dos programas de televisión y explica porque te gustan.

TU HABITACIÓN

- Nombra cinco cosas que se encuentran en tu habitación.
- ¿Qué aparatos electrónico son los más importantes para ti? ¿Por qué?
- ¿Qué cambiarías en tu habitación si tuvieras 1000 euros? Nombra tres cosas.

LIBERTAD

- ¿Cuándo te sientes libre? Pon tres ejemplos.
- ¿Qué te molesta más de tus padres?
- ¿Debería haber normas estrictas para adolescentes? ¿Por qué? ¿Por qué no?
- ¿Debería permitirse conducir antes de los 16 años? ¿Por qué? ¿Por qué no?

MÚSICA

- ¿Cuál es tu canción favorita?
- ¿Qué género de música te gusta más? Pon tres ejemplos.
- ¿En qué situaciones te gusta escuchar música? Nombra tres.
- ¿Cuál es tu cantante favorito y tu banda preferida?

Martin Bastkowski / Lara-Maria Schiller · ¡Hablemos! Kl. 9–10 · Illustration: Dorina Tessmann